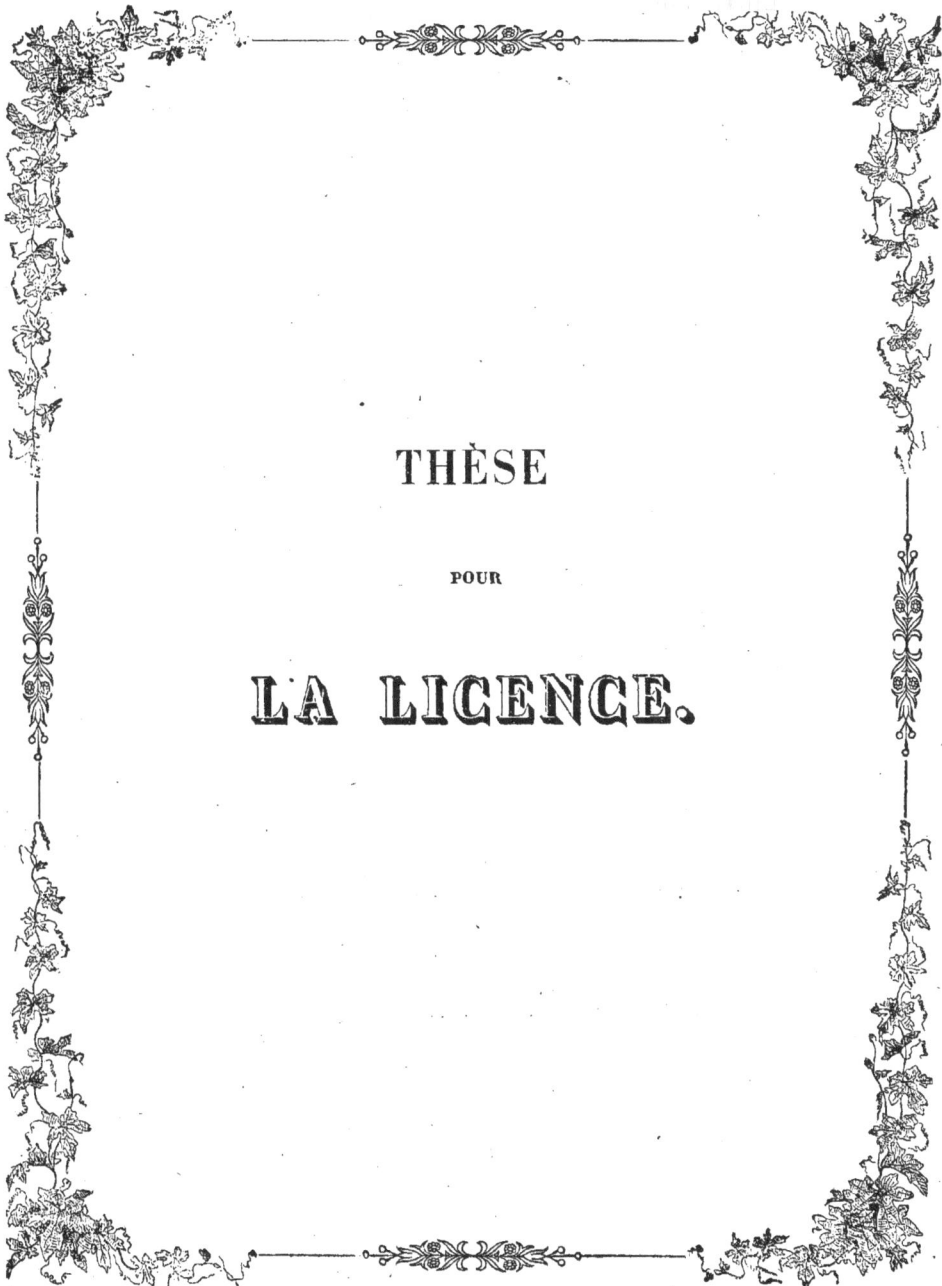

THÈSE

POUR

LA LICENCE.

1840

A mes Parents.

FACULTÉ DE DROIT DE TOULOUSE.

ACTE PUBLIC

POUR LA LICENCE,

En exécution de l'art. 4, tit. 2, de la loi du 22 Ventôse an XII,

SOUTENU

Par M. Antoine Cane,

NÉ A CORTE (CORSE).

Jus Romanum.

INSTIT., LIB. II, TIT. XII.

Quibus non est permissum facere testamentum.

Si quæramus an valeat testamentum, imprimis advertere debemus an is qui id fecerit, habuerit testamenti factionem. (G. Comm. 2, § 114.)

Duplex distinguitur testamenti factio, alia activa, alia passiva.

Activa est jus condendi testamentum, et proindè requiritur in personâ testatoris.

Passiva est jus recipiendi ex testamento alieno, et proindè requiritur in personâ hæredis.

Jure civili, activa requiritur in personâ testatoris tribus temporibus, *tempore testamenti*, *tempore mortis*, et *tempore intermedio*.

1845

Jure prætorio requiritur duobus tantùm temporibus; scilicet, *tempore testamenti* et *tempore mortis*, ita ut non noceat tempus intermedium.

Testamenti factio non privati sed publici juris est. Indè triplex conditio consideranda est in testamento; ut testator civis romanus sit; alterum ut sit sui juris, et testamenti factionem habeat.

Ex lege Duodecim Tabularum solis patribusfamilias concessum est jus testandi : ergo filiifamilias testari non possunt, etiam si pater eis permiserit, quia testamenti factio juris publici est, et privatorum pactis juri publico derogari non potest.

Placuit tamen posse filiumfamilias, permittente patre, mortis causà donare : nimirùm quia hæc donatio est juris privati omnibus competens jure gentium.

Qui scilicet castrense et quasi castrense peculium habent, in his bonis filiifamilias beneficio principi testamenti factionem habuerunt.

Quod jus ab initio tantùm militantibus concessum ab Augusto progressum est Nervæ et Trajano. (Ulp.)

Posteà verò, subscriptione divi Hadriani, et etiam dimissis à militiâ, id est, veteranis concessum est. (Just.)

Si verò intestati decesserint, bona eorum jure communi ad parentes pertinent. Cæterùm huic juri posteriorum principum constitutionibus derogatum est; et primùm liberis militis aut veterani intestato mortui, deindè fratribus bona castrensia jure hæreditatis delata, et tertio ordine parentibus.

Testamentum est voluntatis justa sententia ; ergo testari non possunt impuberes, quia matura non est eorum voluntas. (L. 5, ff)

Item furiosi, quia firma non est eorum voluntas. Nec ad rem pertinet si impubes, posteà pubes, aut furiosus posteà compos mentis factus fuerit et decesserit (Inst. § 1): valente regulâ Catonianâ : *quod ab initio nullum est, tractu temporis non potest convalescere.*

Item prodigus cui bonorum suorum administratio interdicta est, testamentum facere non potest. (Inst. § 2.)

Sed si quis sanæ mentis fecerit testamentum, illud valebit, quamvis posteà mente captus aut prodigus decedat; quia nihilominùs remanet civis Romanus et pater familias; et quamvis tempore mortis non habeat facultatem testandi, non tamen amisit testamenti factionem activam.

Olìm surdi et muti testamenti faciendi jus non habebant, nisi à principe id impetrassent.

Ex constitutione Justiniani, hoc jus commune factum est, et generaliter, surdis omnibus vel mutis testamentum facere permisit. Si verò quis mutus sit et surdus simul à naturâ, omninò testari non potest; sin casu ut possit ; si modò ante litteras didicerit; modò scriptis voluntatem suam possit et sciat exprimere.

Quòd si tantùm mutus sit, aut surdus tantùm, sive naturâ, sive morbo, is testari potest, modò aut scripto aut linguâ voluntatem possit declarare.

Quòd si post testamentum factum fiat surdus aut mutus, ratum nihilominùs remanet testamentum (L. 8, cod. h. tit.)

Cæcus semper testamentum facere potuit, quia accire potest adhibitos testes et audire sibi testimonium perhibentes. (Paul. Sent. lib. 3, tit. 4, § 5.) Sed ut fraus omnis cujus hic major metus evitetur, constitutio Divi Justini voluit ut cæcus testetur, nuncupato hærede, et adhibito, præter septem testes tabellione vel octavo teste per quem voluntas ejus scribatur.

Ejus qui apud hostes est, testamentum quod ibi fecit *non valet,* quamvis redierit. Quia captus jure belli, servus fit hostium, et non est particeps juris civilis.

Aliud de testamento facto ante captivitatem. Testator jus testandi habebat cùm illud fecit; et valebit testamentum duplici fictione : fictione juris postliminii, si redierit; fictione legis Corneliæ, si decesserit apud hostes.

Code Civil.

I. *Des Priviléges et Hypothèques en général.* Art. 2114 à 2120.

II. *Des Hypothèques conventionnelles.* Chap. 3, sect. 3.

III. *Des Priviléges et Hypothèques au point de vue international.* (Expliquer et compléter les règles résultant des art. 2123-2128.)

NOTIONS PRÉLIMINAIRES.

Le système hypothécaire est le complément de l'étude des obligations. Il en est la sanction, le corollaire indispensable.

De tous les temps cette matière a intéressé le législateur; elle est aujourd'hui l'objet d'une étude spéciale et approfondie, à laquelle ont concouru les autorités les plus puissantes en cette matière, les esprits les plus éclairés.

Nous pouvons nous trouver tous dans la position de créanciers et de débiteurs les uns des autres; mais ces rapports existent surtout entre les capitalistes et les industriels.

L'industriel prend les capitaux du rentier, et les fait valoir; l'agriculteur emploie à la culture les fonds du capitaliste, et les lui rend productifs; le commerce enfin, l'industrie, l'agriculture, resteraient stationnaires sans les emprunts.

Ce qui rend facile les emprunts, c'est la confiance qu'inspire l'emprunteur; cette confiance, dans le langage économique, prend le nom de crédit.

Le crédit se compose de deux éléments; 1.º *le crédit personnel*, 2.º *le crédit foncier.*

Le crédit personnel constitue la vie des relations commerciales; mais que de déceptions, malgré la probité la plus ancrée! ce crédit ne suffit donc pas ; les Romains le reconnaissaient en déclarant qu'il devait reposer plus sur les choses que sur les personnes , *plus in re quàm in persona.*

Une garantie réelle est indispensable; on la puisa d'abord dans le gage et le nantissement, d'où le principe si connu, et paraphrasé par l'art. 2092 : *qui s'oblige, oblige le sien.*

Les immeubles sont stables , et constituent le crédit foncier. Pour que ce crédit répondît aux besoins de la société, le législateur n'a pas dû se contenter de la disposition de l'art. 2092. En effet, de ce que les biens du débiteur sont le gage des créanciers, le débiteur n'en reste pas moins propriétaire réel; il peut les vendre , et par là le gage disparaît. La créance serait encore compromise par des emprunts successifs dépassant de beaucoup la valeur du gage. En présence de ces faits, l'on conçoit que le capitaliste préférât garder ses capitaux; et l'industrie, l'agriculture et le commerce en souffraient, et cela parce que le crédit n'était pas en rapport avec leurs besoins.

Le contrat de gage offre bien au créancier des sûretés suffisantes; mais il entraîne la dépossession du débiteur : et que devient alors la spéculation ?

Le législateur a apporté un remède à tous ces embarras par la loi sur les hypothèques; et le système hypothécaire offre autant d'avantages pour le créancier que pour le débiteur.

Quels avantages doit présenter tout système hypothécaire pour répondre aux besoins de tous ?

Il doit concilier les sûretés dues au créancier avec le crédit du débiteur , et la nécessité d'une légitime circulation des biens.

Le créancier doit jouir de toutes les sûretés indispensables, mais pas au delà. D'où il suit, que si le débiteur offre au créancier une voie sûre pour arriver au payement de l'obligation , celui-ci doit être forcé de l'accepter. Il suit encore du principe posé, que le débiteur doit rester possesseur de son bien; les droits du créancier reposant sur le prix seulement, le débiteur jouit des fruits, peut imposer d'autres charges; il lui est enfin permis de les vendre.

Le législateur, en donnant toute cette latitude au débiteur, n'a pas oublié les sûretés qui sont dues au créancier. Il lui a accordé deux droits importants, ce sont :

1.º Le droit de suite;

2.º Le droit de préférence.

Par le droit de préférence, le créancier peut se faire payer sur le prix de l'immeuble hypothéqué, avant tous autres créanciers.

Par le droit de suite, le créancier hypothécaire atteint les tiers acquéreurs, et les force à lui payer l'intégralité de sa créance, si mieux ils n'aiment abandonner l'objet acquis.

Ces conséquences seraient désastreuses même pour l'acquéreur de bonne foi, si la loi ne donnait pas un moyen pour les prévenir, et la libre circulation des biens en souffrirait. Le tiers acquéreur peut se mettre à l'abri du droit de suite par la purge.

Les bornes dans lesquelles nous devons renfermer notre sujet, ne nous permettent pas de développer ici toutes les règles relatives à la purge; nous nous contenterons de dire qu'elle consiste dans l'offre que peut faire le tiers-acquéreur aux créanciers de payer le prix entre leurs mains; libre à eux par suite d'accepter ou de surenchérir.

Comment les législations antérieures au Code civil ont-elles concilié ces cdiverses exigences?

Chez les Grecs, l'hypothèque n'était pas dépourvue de publicité; on faisait connaître qu'un héritage était hypothéqué au moyen de petites colonnes établies sur les héritages et chargées d'inscriptions, qui rappelaient les obligations contractées avec un premier créancier.

Ce système de publicité était bien simple, mais il avait le double inconvénient d'être éphémère, et de compromettre d'une manière trop générale le crédit du débiteur.

Ce même système fut en vigueur à Rome jusqu'à l'empire; depuis cette époque, la législation romaine fit scission avec l'ancien droit; l'hypothèque pouvait résulter d'un simple pacte, et dès le principe, ce droit fut étendu à tous les biens présents et à venir; bien plus, l'hypothèque pouvait résulter d'un simple droit de créance. Ce système n'avait pas l'inconvénient de découvrir le débiteur, mais il anéantissait le crédit, et entravait la libre circulation des biens. Les acquéreurs d'héritages cherchaient à se garantir des évictions que pouvaient leur faire craindre les hypothèques occultes, par les sûretés les plus fortes, et particulièrement par des cautions qu'on appelait *auctores secundi*.

En France, le système hypothécaire présente trois périodes bien distinctes : 1.º droit jusqu'à la révolution ; 2.º législation transitoire ; 3.º système du Code civil.

Dans la première période, en France comme à Rome, l'hypothèque était occulte de droit commun.

Dans quelques provinces seulement de l'Ouest, les seigneurs, maîtres de leurs sujets, percevant un droit sur chaque mutation de la propriété, en exigeaient la publicité, pour prévenir les ruses du débiteur ; et il était de principe qu'une créance ne pouvait acquérir d'hypothèque que par le nantissement.

Le droit de purge était inconnu à Rome ; il fut introduit en France dès le principe ; il consistait en une vente publique faite par décret forcé ; les créanciers pouvaient ainsi intervenir, et faire des oppositions nécessaires pour sauvegarder leurs droits. Mais la vente faite, l'acquéreur devenait propriétaire irrévocable de l'objet acquis. Le décret volontaire fut introduit plus tard ; comme le premier, il consistait dans une vente ; seulement, les parties étant d'accord, il n'y avait pas à craindre les entraves des oppositions ; mais toujours fallait-il suivre la procédure coûteuse du décret, qui absorbait une grande partie de la valeur de l'immeuble vendu.

Les vices de cette législation avaient de bonne heure fixé l'attention des jurisconsultes et des hommes d'Etat. Sully, et Colbert après lui, virent dans un bon système hypothécaire le seul moyen de faire prospérer l'agriculture et le commerce. En 1673, Colbert fit rendre un édit qui consacrait et organisait le principe de la publicité des hypothèques. Mais cette mesure qui menaçait de détruire le crédit des familles puissantes, en exposant au grand jour l'état de leur fortune, souleva une opposition tellement vive, que l'on se crut obligé de la révoquer dès l'année suivante.

L'édit de 1771 abolit la procédure des décrets volontaires suivie jusqu'alors. Il consacra le principe de la purge, qui consistait dans l'obligation imposée à l'acquéreur de déposer l'acte de vente au greffe du tribunal ; de l'y laisser exposé pendant deux mois, après lesquels, s'il n'y avait pas d'opposition, on lui délivrait des lettres de ratification, et l'immeuble était ainsi purgé.

3

Dans la période transitoire, deux lois spéciales vinrent modifier et compléter le droit ancien. La première, du 9 messidor an III, posa le principe de la publicité. La deuxième, du 2 brumaire an VII, consacra le principe de la spécialité, et en fit, avec celui de la publicité, les bases d'une nouvelle législation.

Les rédacteurs du Code civil (nous voulons parler de la troisième période), avaient à choisir entre les deux régimes, celui du Droit romain, et celui de la loi de brumaire. Le dernier triompha, avec quelques modifications, dans l'assemblée générale du Conseil d'Etat. Le Code civil distingua les créanciers généraux, des créanciers privilégiés ; les premiers sont désignés sous le nom de créanciers chirographaires, les seconds, qui fond l'objet du titre XVIII de notre Code, sont les créanciers privilégiés ou hypothécaires.

Comme les privilèges ne font pas partie du sujet que j'ai à traiter, je passe immédiatement aux hypothèques.

DES HYPOTHÈQUES EN GÉNÉRAL.

(Art. 2114 à 2120.)

L'hypothèque est définie par l'art. 2114 : un droit réel sur les immeubles affectés à l'acquittement d'une obligation ; il faut ajouter ces mots : *qui ne résulte pas de la nature de la créance ;* c'est ce qui le différencie du privilége.

L'hypothèque, étant un droit réel, suit l'immeuble en quelques mains qu'il passe, *rem sequitur.*

Elle est indivisible alors même que la créance soit de sa nature divisible.

Cette indivisibilité porte : 1.º sur l'immeuble, en ce sens, que quelle que soit son étendue et sa valeur, il est entièrement affecté à la créance, *est tota in toto, et tota in qualibet parte.*

2.º Elle porte sur la créance, c'est-à-dire que l'hypothèque existe tant qu'il est encore dû un centime au créancier hypothécaire, et que le débiteur ne peut pas forcer le créancier à restreindre son droit à une partie de l'immeuble.

Conséquence du principe d'indivisibilité par rapport aux héritiers.

L'hypothèque dŏit être expressément stipulée, à moins qu'elle ne soit judiciaire ou légale (art. 2115, 2116).

Elle ne peut porter que sur des immeubles, et leurs accessoires réputés immeubles (art. 2118). Encore ces immeubles doivent-ils être dans le commerce, c'est-à-dire, susceptibles de saisie immobilière, et pouvoir être vendus par adjudication : *inutile omninò est pignus, quod emptionem venditionem non recipit.*

Les meubles n'ont pas de suite par hypothèque.

Nous avons fait mention des trois espèces d'hypothèques dont parle le Code. La troisième seule doit faire partie de notre sujet. Nous négligeons les autres pour entrer immédiatement en matière.

DES HYPOTHÈQUES CONVENTIONNELLES.

Elles sont les plus importantes et les plus usuelles ; elles forment pour ainsi dire le droit commun.

L'hypothèque conventionnelle est celle qui dépend des conventions et *de la forme extérieure* des actes et des contrats (art. 2117). Cette double condition est à remarquer ; car dans l'ancien Droit, cette hypothèque exigeait bien quelques formalités, mais elle résultait *de plano* de tout acte authentique d'obligation sans stipulation formelle. Aujourd'hui elle ne peut être constituée que par un acte solennel et par suite d'une con-vention expresse (art. 2117, 2127).

La concession hypothécaire est donc, 1.º *une convention* accessoire, solennelle, par laquelle le débiteur affecte spécialement un ou plusieurs de ses immeubles à la sûreté de sa dette.

Comme *convention*, elle doit être régie par les règles ordinaires, tracées au titre des contrats et obligations. Toutes les modalités à introduire dans les contrats, les règles sur les causes qui les vicient, s'appliquent également à la convention qui confère l'hypothèque.

La validité d'une donation dépend de l'acceptation du donataire. Cette acceptation de la part du créancier est-elle indispensable pour la vali-dité d'une hypothèque ? Malgré l'opinion contraire de quelques auteurs, il faut répondre négativement, d'abord, parce qu'il y aurait immoralité à empêcher le débiteur de bonne foi de garantir les intérêts d'un créancier qui serait éloigné; de plus, nous savons que dans les contrats unilatéraux, il n'est pas besoin d'acceptation. La question a d'ailleurs été ainsi résolue par un arrêt de la Cour de cassation de 1839, et la Cour royale de Lyon s'est prononcée dans le même sens dans son arrêt du 9 avril 1837.

2.º Cette convention a pour objet une affectation hypothécaire, c'est-à-dire la dation d'un gage. Or il est de principe en Droit (art. 2077) que le gage peut être fourni par un tiers autre que le débiteur; ce tiers qui fournit des sûretés hypothécaires, n'est pas une caution proprement dite, il est considéré comme tiers détenteurs.

De ce que l'hypothèque est un droit réel, ceux qui ont la capacité d'aliéner les immeubles peuvent seuls la consentir (art. 2124).

Elle constitue un acte de *propriété*; de là deux conséquences : on ne peut, en premier lieu, hypothéquer les biens d'autrui; secondement, il n'est pas permis d'affecter les biens à venir.

1.º Celui qui hypothèque le bien d'autrui se rend coupable de stellionat, à moins qu'il ne l'ait fait par erreur et de bonne foi.

L'acquisition postérieure du bien hypothéqué par le débiteur ne saurait couvrir le vice originel de cette affectation, en vertu du principe *quod ab initio nullum est, tractu temporis non potest convalescere.* Il faut une ratification expresse, et si le débiteur avait consenti d'autres hypothèques avant la ratification, les seconds créanciers seraient préférés aux premiers.

Quid de l'hypothèque consentie par un héritier putatif à des tiers de bonne foi ?

Pour la validité, l'on dit : l'héritier putatif est pour tous l'héritier du défunt; la succession lui est dévolue à l'exclusion de tous autres; il peut vendre un bien (Cour de cass.); à plus forte raison doit-il pouvoir l'hypothéquer.

Si nous ne déclarons pas cette hypothèque nulle, du moins faut-il reconnaître qu'elle est résoluble. Il est de principe que l'on ne peut conférer à autrui plus de droits qu'on n'en a soi-même. Or l'héritier putatif n'était propriétaire que sous la condition qu'un autre ayant droit ne se présenterait pas ; si dans les trente ans qui suivent l'ouverture de la succession, le véritable héritier se présente, tous les droits du putatif sont résolus, et par suite ceux conférés à des tiers doivent l'être aussi.

Celui qui n'a sur un immeuble qu'une propriété révocable, ne peut conférer qu'une hypothèque soumise aux mêmes chances de révocation (art. 2125). Peu importe que le créancier ait eu connaissance ou non de la révocabilité de la propriété : *Resoluto jure dantis resolvitur jus accipientis.*

2.º On ne peut non plus, en thèse générale, hypothéquer les biens à venir (2129 *in fine*). Le législateur a compris qu'il est d'ordre public de ne pas permettre à un débiteur imprudent de se dépouiller des biens à venir, et de tarir ainsi son crédit.

Si dans une convention on hypothèque ses biens présents et à venir, le contrat n'est pas nul pour le tout, l'hypothèque n'a d'effet que relativement aux premiers.

Il n'est cependant pas défendu d'hypothéquer d'une manière conditionnelle, *si dominium acquisitum fuerit,* un immeuble spécialement déterminé dont on n'est pas encore propriétaire ; à plus forte raison peut-on affecter un immeuble dont on a seulement une propriété résoluble, et le créancier doit suivre dans l'espèce la fortune de son débiteur (art. 2125).

L'art. 2130 porte : « Néanmoins, si les biens du débiteur sont insuffisants pour la sûreté de la créance, il peut, en exprimant cette insuffisance, consentir que chacun des biens qu'il acquerra par la suite, y demeure affecté à mesure des acquisitions. » *Néanmoins ;* c'est donc une seconde exception à l'article précédent, exception qui doit être rigoureusement restreinte dans les termes précis de notre article. Ainsi, si le débiteur ne possède aucun immeuble au moment du contrat, l'art. 2130 n'est plus applicable ; il en sera de même si l'on n'a pas eu soin d'exprimer dans le contrat l'insuffisance des biens présents. Nous n'admettrions pas des créanciers postérieurs à venir contester la véracité de la clause qui constaterait l'insuffisance des biens présents.

L'affectation hypothécaire est, comme on l'a déjà dit, un acte d'aliénation ; pour pouvoir le consentir, il faut avoir la libre disposition de ses biens (art. 2124). Donc les immeubles des mineurs, des interdits et ceux des absents, ne peuvent être hypothéqués que pour les causes et

4

dans les formes établies par la loi ou en vertu de jugements (art. 2126).

La femme ne peut hypothéquer ses biens paraphernaux sans le consentement de son mari (art. 1576).

Il en est de même de l'Etat, des communes, des établissements publics, avant d'avoir rempli toutes les formalités qui leur sont imposées.

Le saisi peut-il consentir une hypothèque sur l'immeuble saisi ? La négative résulte de l'art. 686 de la nouvelle loi sur les saisies, si l'on doit s'en tenir à sa lettre. Le contraire est pourtant généralement admis, et cette opinion est basée sur la discussion qui eut lieu à la Chambre législative, où l'on rejeta l'amendement qui tendait à priver le saisi de ce droit.

L'hypothèque consentie par le mineur, la femme mariée et l'interdit, sans l'observation des formalités voulues, n'est pas frappée d'une nullité absolue ; elle est susceptible d'être validée par un acte confirmatif (art. 1304, 1338).

La confirmation d'une hypothèque constituée par un mineur, peut-elle être opposée aux créanciers qui auraient acquis, postérieurement à la majorité et antérieurement à l'acte confirmatif, des hypothèques sur l'immeuble hypothéqué durant la minorité ?

Cette question est très-controversée, MM. Toullier, Troplong, Merlin etZachariæ, admettent la rétroactivité de l'acte confirmatif. MM. Grenier, Battur et Dalloz enseignent la négative.

Cette dernière opinion nous paraît préférable, parce que les créanciers postérieurs ne doivent pas être victimes de la mauvaise foi du débiteur que le système contraire tendrait à encourager ; l'on verrait, en effet, le plus souvent, le débiteur mettre la ratification ou la non ratification aux enchères ; le plus offrant des créanciers l'emporterait sur les autres. Le législateur n'a pu consentir à ce que l'on fît si bon marché de la bonne foi des parties ; la ratification ne peut donc nuire aux droits acquis des créanciers postérieurs.

L'on objecte : ces créanciers pouvaient, en exerçant les droits de leur débiteur, faire annuler l'hypothèque indûment consentie : ils ne l'ont pas fait, donc ils en ont reconnu la validité ; et l'on assimile de plus ce cas à celui où la nullité est couverte par le silence de dix ans depuis la majorité du débiteur.

Sans doute les créanciers postérieurs ont une action en nullité de la première obligation du chef de leur débiteur, et cette nullité est couverte par un silence prolongé de dix années ; mais de ce principe même il suit que tant que les dix ans ne sont pas écoulés, leur droit d'attaquer les actes contraires à leurs intérêts continue à subsister, et il n'est pas présumable qu'ils aient voulu y renoncer.

3.º Nous avons dit que l'hypothèque est *une sûreté accessoire ;* donc si l'obligation principale est nulle, l'accessoire l'est aussi. Peu importe du reste pour sa validité, que l'objet du contrat principal soit à terme ou sous condition, qu'il soit déterminé ou indéterminé quant à son espèce, pourvu qu'il le soit quant à son genre (art. 2132).

4.º L'hypothèque est un contrat solennel ; elle ne peut être constituée que par un acte passé devant deux notaires, ou devant un notaire et deux témoins (art. 2127).

On assimile, avec raison, à des actes authentiques, les actes sous seing privé que le débiteur a reconnus devant notaire, ou qu'il a déposés dans l'étude d'un notaire, soit en présence, soit en l'absence des parties. Dans cet acte de reconnaissance ou de dépôt, l'on est obligé de remplir toutes les formalités requises pour la constitution de l'hypothèque ; la loi n'exige pas davantage.

La procuration, à l'effet de constituer hypothèque, peut être donnée sous seing privé ; à plus forte raison doit-on se contenter de donner un pareil mandat pour accepter ; pourvu que, dans l'un et l'autre cas, il soit exprès (art. 1988).

5.º Enfin, tout acte contenant constitution d'hypothèque, doit déclarer spécialement la nature et la situation de chacun des immeubles grevés (art. 2129).

La jurisprudence valide les actes dans lesquels le débiteur, en hypothéquant tous les immeubles qu'il possède sur le territoire de telle commune, se borne à les désigner d'une manière collective, en disant qu'ils consistent en maisons, champs, prés, vignes.

L'indication de la commune n'est pas indispensable lorsque la situation des immeubles est désignée d'une manière assez précise pour ne laisser aucun doute sur leur identité.

La somme pour laquelle l'hypothèque conventionnelle est consentie,

doit être déterminée dans l'acte si elle est liquide : si la créance est conditionnelle ou indéterminée dans sa valeur, le créancier ne pourra requérir l'inscription que jusqu'à concurrence d'une valeur estimative, par
lui déclarée expressément, et que le débiteur aura droit de faire réduire,
s'il y a lieu (art. 2132).

DES PRIVILÉGES ET HYPOTHÈQUES AU POINT DE VUE INTERNATIONAL.

(Expliquer et compléter les règles résultant des art. 2123, § dernier, et 2128).

Un seul mot sur les priviléges. Ils résultent, avons-nous dit, de la nature de la créance; et le lieu dans lequel l'acte qui l'a produit a été passé,
n'influe en rien sur son efficacité.

Quant aux hypothèques, il faut distinguer les judiciaires des conventionnelles.

1.º Pour celles-ci, il faut faire une sous-distinction.

L'acte qui confère l'hypothèque a-t-il été passé en France, il produira
son effet, que l'hypothèque ait été consentie par un étranger en faveur
d'un français sur des biens situés en France, ou par un français en
faveur d'un étranger.

Si l'acte est reçu par des officiers étrangers, il ne laisse pas d'être obli-
gatoire en France, en vertu de la maxime *locus regit actum*, et de faire
foi de son contenu. Mais il n'a pas plus d'efficacité que les actes sous
seing privé, qui ne confèrent par eux-mêmes ni hypothèque, ni force
parée, et qui ne peuvent emprunter cette autorité que d'un jugement de
condamnation.

La disposition de l'art. 2128 n'est que la reproduction de l'art. 121 de
l'ordonnance de 1629. La raison de cette disposition était fondée sur ce
que, à cette époque, les contrats produisaient, de plein droit, hypothèque; et l'on ne voulait pas donner la même force aux actes passés à
l'étranger.

2.º L'hypothèque conventionnelle ne peut résulter des jugements rendus
en pays étranger, qu'autant qu'ils ont été rendus *exécutoires par un tribunal français*.

Sous l'empire de l'ordonnance de 1629, le jugement rendu par un tribunal étranger, en faveur d'un français, était exécutoire en France; *secùs*, dans le cas contraire.

Aujourd'hui, d'après la jurisprudence de la Cour suprême, la contes_ tation doit être soumise aux tribunaux français, qui peuvent reviser et juger de nouveau le fond, comme un juge d'appel revise la décision du premier juge.

3.º La loi se tait relativement à l'hypothèque légale de la femme et du mineur; et la théorie a fini par tout obscurcir.

Sans insister sur le point de savoir si l'hypothèque est de droit civil ou de droit naturel, si elle est de statut personnel ou de statut réel, de- mandons-nous quand est-ce que la femme peut réclamer le bénéfice de l'hypothèque légale sur les biens de son mari situés en France.

Si les deux époux sont français, quoique le mariage soit célébré à l'é- ranger, la femme profitera du bénéfice de la loi française.

Il en sera de même pour l'étrangère qui épouse un français.

Si le mariage a eu lieu en France entre deux étrangers, ou entre un étranger et une française, *quid juris ?*

Cette question est diversement résolue par les jurisconsultes les plus éminents.

Nous adoptons l'opinion de MM. Grenier, Zachariæ et Duranton, qui refusent à la femme étrangère l'hypothèque légale, à moins toutefois qu'elle ne soit conférée par les lois de son pays, et que de plus cette loi ne soit déclarée exécutoire en France, en vertu d'un traité. Sans cette dernière condition, il est évident que l'autorité légale d'un pays ne dé- passe pas ses frontières.

4.º Un mineur étranger ne peut réclamer l'hypothèque légale sur les biens situés en France, de son tuteur, comme lui étranger, qu'autant que les lois de son pays lui confèrent ce droit.

Si un tuteur étranger est donné à un français, celui-ci ne pourra pas réclamer le bénéfice de la loi française, quant à l'hypothèque, alors même que ce tuteur aurait des biens en France, vu que là tutelle est un droit de famille, un droit de statut personnel, et la loi étrangère n'a pu con- férer à cet étranger que la qualité d'administrateur.

Il faudrait, à la rigueur, décider de même lorsqu'un tuteur français est donné à un pupille étranger. Mais la protection que la loi française accorde à tous ceux qui habitent son territoire, doit s'étendre au pupille abandonné; et en cette considération, nous lui accorderions le bénéfice de l'hypothèque légale sur les biens de son tuteur.

Code de Procédure civile.

LIVRE II, TITRE IX.

§ IV. *Des Exceptions dilatoires.*

Le mot *exception*, de nos jours, n'a rien de commun avec ce que l'on désignait sous ce nom en Droit romain.

L'exception a été, dans les mains des préteurs, un moyen puissant de corriger la rigueur du Droit civil : toute exception, si elle était justifiée, emportait absolution, et pour toujours.

Nos exceptions tendent à arrêter le jugement du procès, sans entrer dans l'examen du fond.

Nos anciens auteurs divisaient les actions en trois classes : les *déclinatoires*, qui correspondaient à notre exception d'incompétence; les *dilatoires*, et enfin les *péremptoires*, que quelques auteurs subdivisaient en péremptoires quant à la forme, lesquels répondaient à notre exception de nullité, et *péremptoire quant au fond*. Cette division était vicieuse, en ce que l'exception péremptoire quant au fond s'identifiait avec les défenses; aussi les auteurs du Code de procédure ne l'ont-ils pas reproduite; ils ont également évité de se servir des locutions *fins de non-procéder*, *fins de non-valoir*, *fins de non-recevoir*; et ils ont distingué cinq espèces d'exceptions, désignées sous les noms, 1.º de la caution à fournir par les étrangers; 2.º des renvois ou déclinatoires; 3.º des nullités; 4.º des exceptions dilatoires; 5.º enfin, la communication des pièces.

Si toutes ces exceptions sont dilatoires, en ce sens qu'elles tendent à suspendre la décision du procès; dans les trois premières, le sursis est bien une conséquence de l'exception, mais il n'en est qu'une conséquence indirecte et secondaire. L'on désigne plus particulièrement sous ce nom les exceptions qui tendent directement à l'obtention d'un délai, sans d'ailleurs que l'on puisse alléguer de l'incompétence du juge saisi du procès.

Cette dernière espèce seule doit faire l'objet de notre travail; et le Code comprend sous cette dénomination l'exception pour faire inventaire et délibérer, et l'exception de *garantie*, dont nous allons successivement parler.

Du Délai pour faire inventaire et délibérer.

L'héritier, porte l'art. 174, la veuve, la femme divorcée ou séparée de biens assignée comme commune, auront trois mois, du jour de l'ouverture de la succession, pour faire inventaire, et quarante jours pour délibérer, etc.

Le principe de cet article n'est que la reproduction des art. 797 à 800 du Code civil, tirés de la section du Bénéfice d'inventaire.

Cette exception ne peut être invoquée que par l'héritier qui n'a pas encore pris qualité; si la succession a été acceptée, les délais pour faire inventaire et délibérer ne peuvent plus être invoqués, et l'héritier ou la femme doivent répondre immédiatement à la demande.

On ne doit pas induire l'intention d'accepter purement et simplement, de ce que l'habile à succéder, ou la femme commune, ont provoqué des mesures conservatoires et d'urgence; ils pouvaient parfaitement le faire sans prendre qualité, et par suite, ils jouiront encore du bénéfice de l'article 174.

Les délais dont parlent les art. 174 et 797, peuvent être insuffisants pour mettre en mesure le successible d'accepter ou de répudier la succession. Le tribunal peut proroger ces délais, sur la justification que l'héritier n'a pas eu connaissance du décès, ou bien encore, à raison de l'importance de la succession et de l'éloignement des biens héréditaires, qui ont dû l'empêcher d'accomplir assez vite les formalités nécessaires pour éclairer le parti qu'il devait prendre.

Après cette prorogation de délais, l'héritier conserve encore la faculté d'accepter, sous bénéfice d'inventaire, s'il n'a pas fait d'ailleurs acte d'héritier, ou s'il n'existe pas contre lui de jugement passé en force de chose jugée, qui le condamne en qualité d'héritier pur et simple.

Cette condamnation contre l'héritier profitera-t-elle aux créanciers et légataires qui n'ont pas figuré dans le procès?

Nous ne le pensons pas, car il n'est pas assez démontré que le législateur ait voulu, dans les articles cités, déroger aux principes ordinaires de la chose jugée.

De la Garantie.

On peut définir la garantie. L'obligation, soit légale, soit conventiontionnelle, d'indemniser quelqu'un de certains préjudices, ou de le protéger contre certaines attaques.

D'après les principes généraux du Droit, le défendeur ne peut pas être distrait des juges de son domicile si la demande est mobilière, ou des juges de la situation de l'objet litigieux si l'action est immobilière. L'art. 181 y a dérogé, en permettant d'assigner en matière de garantie devant le tribunal où la demande originaire est pendante, alors même que les assignés en garantie dénient être garants; mais s'il paraît par écrit ou par l'évidence du fait que la demande originaire n'a été formée que pour les traduire hors de leur tribunal, ils y seront renvoyés; car cette disposition de la loi est toute de protection, elle ne saurait prêter la main à la fraude.

Le principe une fois posé, nous avons à nous demander : 1.º quels sont les délais pour appeler garant? 2.º Combien y a-t-il d'espèces de garantie, et quels sont leurs effets? 3.º Quand est-ce qu'il y a lieu à disjonction de la demande principale et de la demande en garantie?

§ I. Des Délais pour appeler garant.

« Celui qui prétendra avoir droit d'appeler en garantie, sera tenu de le faire dans la huitaine du jour de la demande originaire, outre un jour par trois myriamètres (art. 175). » Ce délai doit être calculé entre le domicile du garant et celui du garanti.

Si le garanti doit exercer son recours contre plusieurs personnes intéressées *en la même garantie*, il faudra appliquer la disposition finale de l'article 175; c'est-à-dire, qu'il n'y a lieu, pour appeler tous les garants, qu'à un seul délai, qui sera réglé selon la distance du lieu de la demeure du garant le plus éloigné.

Il ne faut pas confondre le cas dont nous venons de parler, où il s'agissait de plusieurs garants marchant de front, avec l'hypothèse prévue par l'art. 176, où il s'agit d'appeler en cause un garant, puis un sous-garant, et ainsi de suite. Il faut alors autant de délais que de personnes. C'est ce qui résulte de l'article 176.

Si le défendeur originaire est assigné dans les délais pour faire inventaire et délibérer, le délai pour appeler garant ne commencera à courir que du jour où ceux pour faire inventaire et délibérer sont expirés (art. 177).

Les délais accordés par les trois articles précédents, suffisent pour mettre les garants et les sous-garants en face du demandeur originaire; ils ne peuvent jamais être augmentés, sous prétexte de minorité ou autres causes privilégiées (art. 178).

Le retard mis à appeler le garant en cause, ne saurait faire grief aux droits du garanti, seulement celui-ci ne peut plus forcer le demandeur à suspendre ses poursuites. Mais si la cause n'est pas en état, le recours en garantie peut encore être formé devant le tribunal saisi de la demande originaire.

Aucun jugement par défaut ne peut être pris contre le premier défendeur, tant que les délais des assignations en garantie ne sont pas échus; seulement, comme le délai pourrait être nuisible aux intérêts du demandeur, et que, dans tous les cas, il est urgent de terminer le procès, le défendeur qui aura usé de ce délai, sera tenu de justifier, après l'expiration de la huitaine, de sa demande en garantie, sous peine, si elle n'a pas été formée, de se voir condamner à des dommages intérêts.

Si le demandeur originaire soutient qu'il n'y a pas lieu au délai pour appeler garant, l'incident sera jugé sommairement.

Le droit à la garantie une fois reconnu, le juge ne peut pas s'empêcher d'accorder les délais nécessaires pour appeler le garant. Il sera sans doute fâcheux pour le demandeur de subir de longs retards ; mais le délai pour appeler garant est accordé par le législateur comme un droit dont le demandeur doit subir les inconvénients.

§ II. *Des diverses espèces de Garantie et de leurs effets.*

Il y a deux espèces de garantie, la garantie réelle ou formélle, et la garantie simple. Il y a lieu à garantie *réelle*, toutes les fois que le possesseur d'un immeuble, actionné par une personne avec laquelle il n'a point contracté, prétend avoir un recours à exercer contre celui dont il tient l'immeuble.

La garantie est simple lorsque le défendeur actionné personnellement prétend être en droit de faire retomber le poids de sa propre obligation sur un tiers.

La différence qui existe entre ces deux espèces de garanties, est immense quant aux effets qu'elle produit. En garantie simple, le garant peut bien intervenir dans l'instance, mais sans prendre le fait et cause du garanti. La raison en est que le défendeur ne saurait jamais se soustraire à l'exécution de l'obligation personnelle qu'il a contractée (art. 138).

En matière de garantie formelle, le défendeur n'ayant contracté aucune obligation personnelle envers le demandeur originaire, le garant peut toujours, d'après l'art. 182, prendre le fait et cause du garanti qui doit être mis hors de cause, s'il le requiert ; et alors même que le garant ne le demanderait pas, le garanti n'en serait pas moins fondé à demander sa mise hors de cause, si son droit à la garantie n'est pas contesté.

Il est cependant des cas où le garanti sera forcé de rester en cause ; c'est lorsque le demandeur originaire prétend que le garanti est personnellement responsable de dégradations par lui commises sur l'objet du procès.

Dès que le garant a pris le fait et cause du garanti, celui-ci est censé représenté par celui-là, et les jugements rendus contre les garants seront exécutoires contre les garantis.

La fraude ou le dol employé par le garant dans le procès, peuvent donner lieu, suivant les cas, à un moyen d'appel ou de requête civile de la part du garanti.

L'acquiescement exprès ou tacite du garant au jugement qui a été

-rendu, n'empêche pas le garanti de se pourvoir en appel ou en cassation dans les trois mois de la signification qui lui en est faite.

Le garanti devra subir les conséquences du jugement, en ce qui concerne la demande principale. Quant aux dépens, dommages-intérêts, le garanti n'en sera tenu qu'autant qu'il a figuré seul dans le procès; s'il y a assisté conjointement avec le garant, il sera tenu des dommages-intérêts et frais subsidiairement, et en cas d'insolvabilité du garant (art. 185).

§ III. *De la Disjonction des demandes principales et en garantie.*

Si la demande principale est en état d'être jugée, et que la demande en garantie ne soit pas encore susceptible d'une décision, le tribunal statuera sur le principal, et le même jugement prononcera sur la disjonction, si les deux instances ont été jointes, sauf, après le jugement du principal, à faire droit sur la demande en garantie, s'il y échoit.

Code de Commerce.

Des Duplicata.

L'insuffisance du numéraire et la difficulté des transports furent les deux principales causes qui amenèrent l'invention de la lettre de change.

Le législateur a sanctionné, par des lois successives, toutes les opérations que demandaient les exigences du commerce. Invention du papier-monnaie, il en détermine la forme et les conditions. Pour sa sûreté, il en permet la transmission par simple endossement; il en assure la solvabilité par le protêt. Le législateur, enfin, ne s'est pas contenté de rétablir le porteur dans ses droits, malgré la perte du titre, il a ajouté *à la sécurité et à l'utilité* des effets de commerce, en autorisant les *duplicata*, en vertu du principe *meliùs est intacta jura servare, quàm vulnerata remedium quærere.*

L'acceptation rend le papier plus solide; mais elle en arrête la circulation pendant le temps nécessaire pour faire parvenir la traite au domicile du tiré. S'agit-il, par exemple, d'une traite sur l'étranger; les mois entiers s'écouleront avant qu'il puisse en faire des espèces. Si l'on trouve un moyen de faire circuler une copie, tandis que l'autre est envoyée à l'acceptation, l'on n'aura plus à craindre la perte du titre et les déchéances qu'elle amène.

Les *duplicata* peuvent donc être émis dans un double but; le premier, celui de faciliter la circulation; le second, tendant à donner plus de garanties au porteur. Nous qualifierons les exemplaires de la première catégorie du nom d'*exemplaires de commodité;* ceux de la seconde, appelés *exemplaires de sûreté*.

Nous nous occuperons d'abord des exemplaires de commodité. Ils sont ainsi formulés : *La première ou la seconde, chez Pierre, à l'acceptation.*

Nous avons ici deux titres, mais ils n'ont pas une importance égale et séparée; ils sont destinés à se confondre, l'un appelant l'autre vers lui.

Le détenteur de la lettre de change envoyée à l'acceptation, joue le rôle de dépositaire et de mandataire. Comme mandataire, il a le droit de requérir l'acceptation, et, à défaut d'acceptation, de faire protester; mais il est simple dépositaire; il ne peut exercer aucun recours pour le payement; le titre est immobilisé entre ses mains, jusqu'à ce que le porteur de la copie destinée à la circulation le réclame, en lui fournissant reçu.

Le maître du papier destiné à la circulation, a un double droit; il peut, 1.º revendiquer le papier envoyé à l'acceptation;

2.º Exercer l'action personnelle contre celui qui a attesté l'existence du deuxième exemplaire.

Le tireur, le porteur et les endosseurs peuvent rédiger des *duplicata*. — Lorsque les *duplicata* émanent de ces derniers, ils doivent copier fidèlement la lettre de change primitive et les endossements, en déclarant qu'une seule traite a existé jusqu'alors; mais, dans ce cas, il est prudent d'envoyer l'original à l'acceptation, qui pourrait être refusée par le tiré, sur le vu de la simple copie, sur laquelle il ne voit pas la signature du tireur, dont il se porterait caution en acceptant.

D'un autre côté, quelle valeur peut avoir la copie de circulation? Elle peut ne pas présenter les garanties que la seule signature du tireur commande.

Il est donc dangereux de recevoir des *duplicata* des endosseurs, à moins que l'on ne se fasse remettre à la fois l'original et la copie.

Les art. 147 et 148 ne sont nullement applicables aux exemplaires dont nous nous occupons. Il n'y a ici qu'une seule traite de payable, et c'est celle du porteur, propriétaire du titre destiné à la circulation; elle attire l'autre qui était envoyée à l'acceptation. Le tiré sera donc valablement libéré en payant sur la présentation de la traite destinée à la circulation.

La deuxième classe d'exemplaires, sont ceux que nous appelons de *sûreté;* c'est à eux que s'adapte la formule *la première ou la seconde demeurant non payée*, et que sont applicables les art. 147, 148. Ces exemplaires, en effet, ont une valeur indépendante; l'un n'attire pas l'autre. L'objet unique de ces exemplaires, est de prévenir la perte de la traite quand elle a une longue distance à parcourir, les mers à traverser.

La mauvaise foi peut souvent tirer parti de l'émission de ces exemplaires; le porteur peut les avoir cédés tous pour la même somme, et en faire ainsi des exemplaires principaux.

Le tiré devra-t-il payer la somme entière portée dans le titre au premier porteur ?

A l'étranger l'on a décidé la question affirmativement, soumettant pourtant le porteur à la caution.

Nous ne pouvons pas en dire autant d'après notre législation commerciale; mais le tiré agira sagement en refusant le payement avant l'échéance de tous les exemplaires, dût-il s'exposer à supporter des frais en plaidant; il gagnera ainsi du temps pour s'édifier sur le titre qu'on lui présente.

Si deux ou plusieurs porteurs se présentent à la fois, et après échéance, quel sera celui qui aura droit d'exiger le payement du tiré ?

Il y a une distinction à faire : si le tiré a accepté un de ces exemplaires, il devra l'acquitter au porteur. S'il n'y a pas eu d'acceptation, M. Heiner veut que le propriétaire du premier exemplaire puisse exiger le payement. Nous pensons, nous, que le premier porteur a à s'imputer de ne s'être pas fait livrer tous les autres exemplaires; il est devenu, en quelque sorte, complice de la mauvaise foi du premier porteur. Le dernier porteur, au contraire, est censé avoir supposé, en acceptant l'exemplaire, que les précédents étaient détruits; et, à raison de cette présomption, nous lui donnons la préférence sur tous les autres.

On peut faire des exemplaires de sûreté et des exemplaires de commodité pour la même lettre de change ; il faudra alors trois exemplaires ainsi conçus : La première ou la deuxième demeurant non payée; la troisième, chez N., à l'acceptation.

Droit Administratif.

De la Juridiction gracieuse et contentieuse en matière de petite voirie.

L'agriculture et le commerce sont la source du bien-être d'un pays. Leur développement dépend des rapports fréquents que les hommes ont entre eux ; et ces rapports sont impossibles, sans des moyens faciles de communication.

On désigne, sous le nom de *grande voirie*, les voies de communication d'un intérêt général : les autres, d'un intérêt plus restreint, les chemins vicinaux, les rues des villes et bourgs qui ne sont pas le prolongement d'une route royale ou départementale, les cours d'eau et les rivières non navigables ni flottables, constituent la *petite voirie*.

Je ne m'arrêterai pas à discuter le point de savoir si, en matière administrative, il y a une juridiction comme en matière judiciaire; nous reconnaissons deux degrés de juridiction ; celle des ministres, celle du conseil d'Etat, comme juge d'appel.

La juridiction contentieuse administrative a aussi ses tribunaux d'exception; c'est-à-dire qu'ils ont juridiction, non par la force d'un principe dévolutif, mais par suite d'une disposition écrite dans la loi. Ces tribunaux sont les conseils de préfecture, les préfets, les commissions, etc.

De la Juridiction gracieuse.

En cette matière, il ne peut jamais y avoir de chose jugée, et par suite tout recours devient impossible. S'il n'y a pas de recours, il n'existe pas non plus de degré : il ne s'agit jamais que d'une faveur à obtenir ; et l'on peut revenir vingt fois devant l'autorité qui vous l'a refusée.

Les agents du pouvoir exécutif qui exercent une juridiction en matière de petite voirie sont, les préfets et le Roi.

C'est aux préfets que les lois de 1824 et de 1836 ont déféré le pouvoir de classer et de déclasser les chemins vicinaux après délibération des conseils municipaux.

Dans l'arrêté de classement, le préfet doit déterminer la largeur actuelle du chemin classé, ou la largeur qu'il convient de lui donner, si la largeur actuelle est reconnue insuffisante.

Le chemin classé, sa largeur fixée, le préfet, sur l'avis des conseils municipaux, désignera les communes qui devront concourir à sa construction ou à son entretien, et fixera la portion dans laquelle chacune d'elles y contribuera (art. 6, L. de 1836).

Le préfet par des règlements distribue aux communes les subventions accordées sur les fonds départementaux pour des dépenses relatives à la confection des chemins vicinaux ; il sanctionne le vote des prestations et des centimes additionnels accordés par les conseils municipaux ; il statue sur les offres des concours des communes et des particuliers, lorsqu'il s'agit des chemins classés ; il autorise les extractions de matériaux, les dépôts ou enlèvements de terre, les occupations temporaires de terrains pour la construction et entretien des chemins vicinaux.

En matière d'eaux, le préfet ordonne le curage des rivières et cours d'eau ; il indique l'époque et les opérations du curage. Il appartient, enfin, au préfet de prendre des mesures provisoires dans l'intérêt de la sûreté, de la salubrité publique en faisant confectionner des travaux ou en ordonnant leur démolition.

Les maires ont quelquefois une juridiction, mais leurs arrêtés doivent toujours être soumis à l'approbation du préfet.

Le Roi, en conseil d'Etat, accorde les concessions de moulins et usines, fait des règlements d'eau définitifs, pourvoit par des règlements d'administration publique au curage et à l'entretien des digues, lorsque l'application des anciens règlements ou l'exécution du mode consacré par l'usage éprouve des difficultés ou lorsque des changements survenus exigent des dispositions nouvelles ; il approuve les plans généraux d'alignement.

De la Juridiction contentieuse administrative.

Cette juridiction, nous l'avons déjà dit, est ordinaire ; ses décisions produisent la chose jugée et peuvent être exécutées par voie parée comme les jugements et arrêts des tribunaux judiciaires. Quels sont les tribunaux administratifs qui exercent la juridiction contentieuse en matière de petite voirie? Les ministres, les conseils de préfecture, les préfets.

1.° *Ministres*. — Les ministres ne sont jamais tribunal d'appel ; ils constituent le tribunal ordinaire du premier degré. L'instruction administrative peut être commencée devant le maire, le sous-préfet, l'ingénieur, le directeur de telle ou telle administration ; elle se complète devant le préfet et se termine devant le ministre. Tous actes et jugements qui précèdent la décision ministérielle et émanant des préfets, peuvent être attaqués, à moins que ces jugements ne soient intervenus dans les cas exceptionnels prévus par la loi.

Il appartient aux ministres de statuer sur les contestations relatives aux alignements, aux chemins vicinaux, après instruction des préfets.

De reconnaître la vicinalité des chemins, de fixer leurs anciennes limites, et de déclarer dans les contestations qui s'élèvent, si un chemin est vicinal ou non vicinal.

Le ministre, sur l'avis des conseils municipaux, désigne quelles sont les communes qui doivent contribuer à la construction et à l'entretien d'un chemin vicinal.

Ils connaissent encore des difficultés qui s'élèvent sur l'exécution des ordonnances royales portant concession d'usines ou règlement d'eau.

Il ordonne, après instruction des préfets, les travaux et les réparations à faire sur un cours d'eau non navigable ni flottable, et fixe les proportions dans lesquelles chacun des riverains doit y contribuer.

2.º *Des Préfets.* — Le préfet a juridiction contentieuse, lorsque sa décision ne peut être attaquée que par un recours devant le conseil d'Etat.

3.º *Des Conseils de Préfecture.* — La juridiction contentieuse des conseils de préfecture est absolument exceptionnelle ; ses attributions doivent être écrites dans un texte de loi.

Les conseils de préfecture ne sont jamais juges d'appel ; leurs décisions donnent lieu à un recours devant le conseil d'Etat, dans le délai de trois mois à dater de la notification aux parties.

En matière de chemins vicinaux, la loi attribue exceptionnellement aux conseils de préfecture le règlement de l'indemnité due pour les extractions de matériaux, les dépôts ou enlèvements de terres, les occupations temporaires de terrains.

Ils ont une juridiction très-restreinte en matière de petite voirie. Ils peuvent uniquement prononcer, 1.º sur le fait de l'usurpation, anticipation ou dégradation commises sur le sol du chemin ; ordonner la destruction des travaux et le rétablissement des lieux dans leur ancien état, et prescrire les mesures nécessaires pour faire cesser le dommage. S'il y a contravention punissable, mais rien à réparer, à changer, le tribunal de simple police pourra seul prononcer la peine.

Des contraventions peuvent donner lieu à une réparation réelle, sans qu'il puisse y avoir peine à infliger. Par exemple, lorsque le chemin n'était pas classé communal au moment de la contravention. Le préfet peut de suite classer le chemin, et cet arrêté de classement aura un effet rétroactif. Dans ce cas, il y a lieu à réparation réelle ; mais nous ne croyons pas que l'on puisse appliquer une amende, si l'auteur de la contravention soutient que le chemin est sa propriété, si la peine est prescrite ; il en sera de même lorsque l'auteur de la contravention est décédé ou que l'empiétement résulte d'un fait indépendant de la volonté du propriétaire riverain.

Il arrive souvent que la contravention à la police des chemins vicinaux donne lieu à l'application d'une peine et à une réparation réelle. Il y aura alors division de juridiction repressive entre ces deux juridictions, et de même qu'un fait peut donner lieu successivement à une action criminelle et à une action civile, une contravention à la police des chemins vicinaux peut entraîner une condamnation à une peine réelle prononcée par les tribunaux administratifs, et à une autre peine corporelle, par le tribunal de simple police.

Cet Acte sera soutenu en séance publique, le 1.ᵉʳ août 1845.

Vu par le Président de la Thèse,

DUFOUR.

TOULOUSE, IMPRIMERIE DE JEAN-MATTHIEU DOULADOURE.

www.ingramcontent.com/pod-product-compliance
Lightning Source LLC
Chambersburg PA
CBHW070746210326
41520CB00016B/4590